W9-AUI-795

Respete el derecho de autor.
No fotocopie esta obra.
CeMPro

Teléfono: 19 46 06 20
Fax: 19 46 06 55
e-mail: ediciones@editorialprogreso.com.mx
e-mail: servicioalcliente@editorialprogreso.com.mx

Desarrollo editorial: Víctor Guzmán Zúñiga
Dirección editorial: Yolanda Tapia Felipe

 Proyecto y realización: Sandra Donin. Proyectos Editoriales
Diseño: Sandra Donin y Martha Cuart

Revisión editorial: Cyntia Berenice Ruiz García

Derechos reservados:
© 2008 Mariana I. Pellegrino (autora)
© 2008 Mariana Nemitz (ilustradora)
© **2008 EDITORIAL PROGRESO S.A. DE C.V.**
Naranjo 248, col. Santa María la Ribera
Delegación Cuauhtémoc, C.P. 06400
México, D.F.

Con mi nariz
(Serie Con mis...)

Miembro de la Cámara Nacional de la Industria Editorial Mexicana
Registro núm. 232

ISBN: 978-970-641-723-7 (Serie Con mis...)
ISBN: 978-968-436-849-1

Impreso en México
Printed in Mexico

1ª edición: 2008

Con mi nariz

Con mi nariz

Mariana I. Pellegrino

Mariana Nemitz

PROGRESO
EDITORIAL

CON MI NARIZ SIENTO EL AROMA
QUE LLEGA DESDE LA COCINA...
MMMM... SON LOS PASTELES DE MI ABUELA
QUE PRONTO PODRÉ SABOREAR.

Con mi nariz siento el olor a la lluvia
y el perfume del pasto mojado...
Aunque el día esté feo, no me pongo triste...
Con mi nariz disfruto de lo especial
de los días mojados.

Con mi nariz juego con el olor

de mis pinturas....

¡Es que pintar me encanta!

Y cuando pinto no sólo creo

cosas bonitas.

¡También juego a distinguir

el olor del azul, del rojo y

el de mi favorito... violeta!

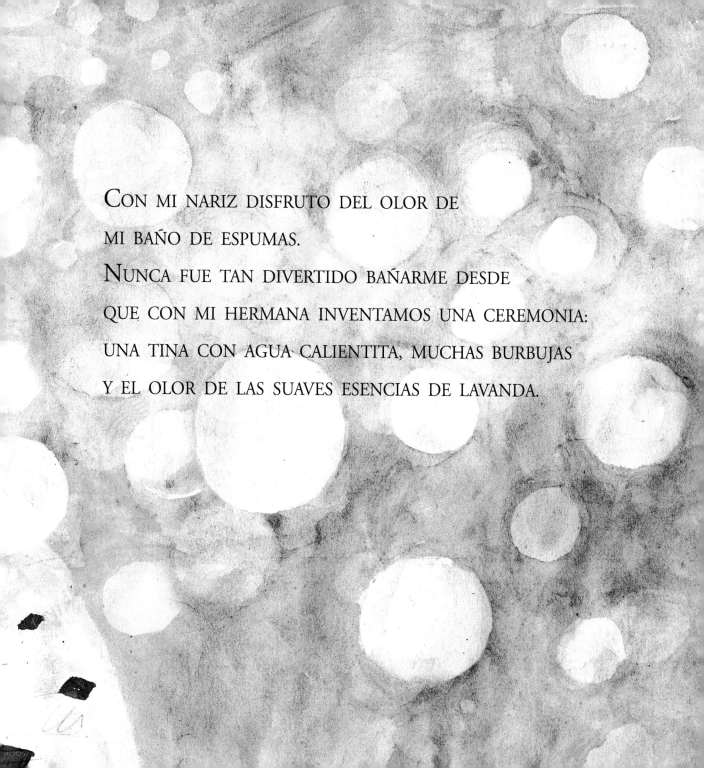

CON MI NARIZ DISFRUTO DEL OLOR DE

MI BAÑO DE ESPUMAS.

NUNCA FUE TAN DIVERTIDO BAÑARME DESDE

QUE CON MI HERMANA INVENTAMOS UNA CEREMONIA:

UNA TINA CON AGUA CALIENTITA, MUCHAS BURBUJAS

Y EL OLOR DE LAS SUAVES ESENCIAS DE LAVANDA.

MI NARIZ ES LA INVITADA ESPECIAL
A MI FIESTA DE CUMPLEAÑOS.
AHHH... CUÁNTO DISFRUTO EL OLOR
DE LOS REGALOS NUEVOS:
VESTIDITOS NUEVOS, JUGUETES NUEVOS Y,
SOBRETODO, LIBROS NUEVOS...
¡QUÉ PERFUME MÁS DELICIOSO TIENEN
LAS HOJAS DE LOS LIBROS NUEVOS!

Con mi nariz percibo la presencia de mamá.
Su perfume a rosas frescas siempre me avisa
que ella está cerca, y que una tierna caricia
en mi cabeza está por llegar.

Y CLARO... CON MI NARIZ TAMBIÉN ELIJO

MIS FRAGANCIAS FAVORITAS: NO ES SECRETO,

SIEMPRE PREFIERO LOS FRASQUITOS

CON OLOR A NARDOS Y JAZMINES.

CON MI NARIZ A VECES
TENGO MALAS SORPRESAS:
PUFFF... QUÉ FEO HUELEN
LAS ZAPATILLAS DE MI HERMANO.
Y MI PERRO RONY CUANDO
LLEVA VARIOS DÍAS SIN BAÑO.

Mi nariz me ayuda a pensar en cosas lindas.
Cuando sueño con esas vacaciones perfectas...
siempre llega a mí el olor fabuloso del mar.

¡QUÉ PERFUMES TAN MARAVILLOSOS
NOS REGALA LA NATURALEZA
PARA DISFRUTAR!

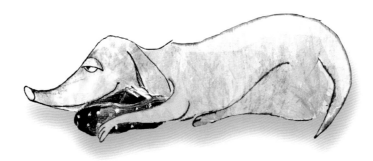

La primera edición de *Con mi nariz*
de Mariana I. Pellegrino, se terminó de imprimir en agosto de 2008
en los talleres de la Editorial Progreso S.A. de C.V.